子育てでいちばん大切なこと

児童精神科医
佐々木正美

大和書房

まえがき

私には3人の息子がいます。彼らが幼いころのことですが、母親に抱いている感情を知りたくて、「ママ好き？」と時々たずねていました。

「うん、好きだよ」と言いますから、「どうして」とさらに聞くようにすると、いろいろな答えが返ってきます。

「ママはやさしいから」

「ママはやわらかいから」

「ママはいい匂いがする」

という答えもありました。

少し成長してから、今度は「ママは化粧品を使ってるからいい匂いなのかな」と試しに言ってみると、

「違う！　お風呂から出てきてすぐでも、ママはいい匂いだよ」と断固として否定されてしまいました。

母親と子どもたちの間には、胎児のときから記憶された匂いのように、計《はか》り知れないものがあると私は思います。

言葉なんていらない、強い命のきずなです。

本書のために、お母さんたちのいろいろな質問に答えながら、私は昔のことを思い出し、赤ちゃんとお母さんの間にある不思議な力のことを思いました。

お母さんからの質問の中には、はじめて子育てをする不安を訴《うった》えているものもあります。「こんなときはこうしなさい」という正しい答えを求めているのかもしれないという質問もありました。

それらに、私なりに答えながら、「ママはやわらかいから好き」と「いい匂いがするから好き」と言った子どもたちのことを思い出したわけです。

そう、子どもたちはお母さんが大好きです。

無条件で大好きです。

子育てに迷ったら、そのことを思い出してくだされればいいのです。

「子どもがかわいいと思えない」とか「どうしてもイライラしてしまう」というつらい思いをかかえているお母さんも、何もかもいっぺんに解決しようと思わないで、一歩一歩、少しずつよい方向に自分を変えて行こうと思ってくだされればいいのです。

子どもたちが、毎日、成長していくように、親も毎日、成長していきます。

この本がその成長の手助けになることを願っています。

もくじ

まえがき……3

第1章 いちにち一歩 成長を見まもる

Q1 **赤**ちゃんって**不思議**。ニコニコ**笑**っているのはなぜ**？**……14

★赤ちゃんの不思議な力……18

Q2 どうしてこんなにかわいいの**？**……20

Q3 トイレトレーニングなど どこまで**頑張**ったらいいのか、わかりません。……24

Q4 激しい反抗期が終わりません。いつまでもイヤイヤと言わせていていいの？……28
Q5 しつけはいつから、どうやって？……32
Q6 偏食をそのままにしておいていいの？……36
★かわいがり子育ての食卓……40
Q7 しつけに失敗しちゃったのかな。のんびり屋さんで、「ママ、やって！」ばかりです。……42
Q8 ミルクで育てると、将来に悪影響がありませんか？……46
Q9 眠りません。夜泣きもひどく不安です。……47
Q10 さびしいの？　指しゃぶりの原因がわからない。……48
かわいがり子育てコラム①
男の子って育てにくい？……50

第2章 個性をはぐくむ
十人といろ

Q11 とても**怖**がりで、**私**のそばを**離**れません。……52

Q12 わがままに**手**を**焼**いています。**過保護**にしたつもりはないのに、なぜ？……56

Q13 かんしゃく**持**ちで、**怒**りだすと**止**りません。……60

Q14 よその**人**にあいさつができません。……64

Q15 イジメなんかはね**飛**ばす**強**い**子**に**育**てたい。……68

★コミュニケーションの土台作り……72

Q16 テレビに**子守**りさせていると、**自閉症児**っぽくなるというのはほんとうですか？……74

Q17 子どもがうそをつきます。裏切られたような気がしてショックです。……78

Q18 男の子なのにかわいいものが好き。大丈夫？……82

Q19 早期教育はしたほうがいいの？ しないほうがいいの？……83

かわいがり子育てコラム②
見せかけの前進……84

第3章 せっさたくま 子どもの世界

Q20 性格のまったく違う兄弟です。下の子ばかりかわいがってしまいます。……86

Q21 子どもにとって、お友だちってどんな存在なの？……90

Q22 「みんな持っているのに」と言いますが、ゲーム機は絶対に持たせたくありません。……94
★子育ては「順番に！」が大切……98
Q23 成長がおそい子です。友だちとの差に本人が気づき始めました。……100
Q24 はげしい兄弟げんかをします。……104
Q25 お友だちに乱暴します。……105
Q26 お友だちにノーと言えません。……106
Q27 仲間はずれにされて、娘が傷ついています。……107
かわいがり子育てコラム③
叱られる準備……108

第4章 いちにち一歩 親になる

Q28 なぜ、ほかの子の成長が気になるのでしょう？……110
Q29 仕事が忙しすぎて、パパが育児を手伝えません。パパに子どもがなつかず、心配です。……114
Q30 「早く！・早く！」ばかり言っています。そんな自分にもうんざりしています。……118
Q31 祖父母がとても甘やかします。お菓子もおもちゃも子どもの言うがままで、困っています。……122
Q32 職場復帰をすることにしました。でも保育園にあずけることが、心配です。……126
Q33 離婚して子どもを育てています。……130

Q34 子どもが人を傷つける事件に不安になります。子育てが悪かったのでしょうか？……134
Q35 パパが子どもを叱ってくれません。……138
Q36 上手にほめることができず、叱ってばかりいます。……139
あとがきにかえて
子育てでいちばん大切なこと……140

第1章

いちにち一歩

成長を見まもる

Q1 赤ちゃんって不思議。

ニコニコ笑っているのはなぜ？

赤ちゃんの笑顔って
すてきですね。
わたしの顔を見るとニコニコしてくれる。
時々、ひとりで天井に向かって
ニコニコしていることがあります。
もしかしたら、
私には見えないものが
見えているのかな？
何かを感じているのかな？
（0歳）

ひとりで笑っている赤ちゃんは、おなかがいっぱいなんでしょうね。オムツもぬれていないのでしょう。それに寒くも暑くもなくて温度もちょうどよくて、体調もよいのでしょう。

そう、生きていることが幸せなんですね。だから自然にニコニコしてしまう。いいですねぇ。

でも、赤ちゃんはだれも教えていないのに、なぜニコニコできるのでしょうか。じつは笑顔を教えてくれた人がちゃんといるからなのです。

それは、お母さん、あなたです。

フランスの高名な心理学者であるアンリ・ワロンがこんな意味のことを言っています。

「お母さんが笑顔を与えると、生後1、2ケ月の赤ちゃんは、笑顔をお母さんに返してくる」

これは「笑顔の交換」ですね。

お母さんは赤ちゃんを見るときに自然にニコニコします。それがどんな顔は、鏡でだいたい知っていますね。でも赤ちゃんは鏡なんて見たことありません。それでもお母さんと同じ表情を作り、笑顔を返そうとします。

お母さんが笑顔をくれたから、笑顔を返そうという自覚はありません。自然に笑顔になるのです。

なんて不思議なことでしょう！

人は生まれながらに、共鳴する感情を持っているのです。つまりわずか生後１、２ヶ月で、お母さんの笑顔を受け止め、その表情の裏側にある幸せな感情をちゃんと感じ取っているんですね。しかもお母さんの表情が曇《くも》ると、赤ちゃんの笑顔も止まってしまいます。

これは、すごいことです。

そう考えてみると、質問したお母さんが疑問に思っていること、赤ちゃんには見えないものが見えているかもしれないとか、何を感じているのかということは、大人の想像を越えるものがあるのではないでしょうか。
でも次のことは確かなことですね。

子育ての最初の一歩は、
赤ちゃんにニコニコと笑いかけること。
とても簡単です。
そして、すごく大切なことです。
やがてお母さんと赤ちゃんの間で、
笑顔の交換が始まります。
そしてすくすく成長していきます。

立派な育児をしようと緊張することはありません。「ああすればよかったかしら」と迷ったり怖がることもありません。
たくさん笑顔を交換すると、赤ちゃんの土台だけでなく、親としての土台もしっかりします。

赤ちゃんの不思議な力

まだ言葉が理解できない新生児の
脳の様子を、ＭＲＩを使って検査した
イタリアの実験があります。

お母さんがイタリア語で話しかけると、
赤ちゃんの脳は
イキイキと反応しました。

Ciao!
キャオ!
ニコニコ

お父さんが話しかけても
赤ちゃんの脳は
あまり反応しません。

Ciao!
キョトン

女性の看護士さんが話しかけても
赤ちゃんの脳は
反応しません。

キョトン
Che carina!

赤ちゃんは
まだ言葉がわからないと、
私たちは思っています。
でも、言葉に頼らなくても
お母さんの笑顔にこめられた
たくさんのメッセージを
受け止める
不思議な力を持っています。

お母さんが、にわか勉強をした
フランス語やドイツ語で話しかけると
……赤ちゃんの脳は反応します。

Bonjour!
ボンジュール!
グーテンターク!
Guten Tag
キャッキャッ

Q2 どうしてこんなにかわいいの？

子どもがかわいくて、
かわいくて、たまりません。
すべすべの肌も、ふっくらした感触も
甘い匂いも大好き。
昔は赤ちゃんの乳臭さが苦手だったのに
今は、とてもいい匂いに感じます。
いつまで見ていても、
あきることがありません。
（0歳）

赤ちゃんには、お母さんやお父さんを夢中にさせる力があります。そして、子どもに夢中になっているご両親は、それだけで幸せです。

しかし、だれしもが赤ちゃんに夢中になれるわけではありません。赤ちゃんに対してストレートな愛情が抱けずに、悩んでいるお母さんもいることでしょう。こんなお母さんは、泣きやまないから、あるいはオムツ交換がたいへんだから、赤ちゃんのことをうとましく思ってしまうのではありません。

本当は、赤ちゃんではなく、自分自身のことが、うとましいのではありませんか。

最近、女子大生が、自分が産んだ赤ちゃんを保育園の玄関に捨ててしまったという話を耳にしました。幸い赤ちゃんは無事に保護されましたが、この赤ちゃんも痛ましいけれど、育てようという努力をまったくしないで赤ちゃんを捨ててしまう女子大生も痛ましい限りだと私には思えます。

彼女が軽んじているのは赤ちゃんの命だけではありません。自分の命を軽んじている。そんな人生は、さぞや息苦しいことでしょう。こんなとき、私は次の言葉を思い出します。

「自分に与えられた命への感謝がなければ、人の命を尊重する気持ちは生まれない。自分に与えられた命への感謝がある人には、次の世代の命を育む力がある」

これは、E・H・エリクソンという著名な心理学者の言葉です。私は30代の後半に、児童精神科の臨床訓練を受けるために留学したカナダの大学で、指導教授からこの言葉を教わり、共感とともに深く心に刻みました。

与えられた命への感謝とは「生まれてきてよかった！」と思えることですね。そう思っているご両親は、赤ちゃんのかわいらしさに夢中になります。あるいは、忘れてしまっていたその気持ちを赤ちゃんが思い出させてくれることもある。
そんなご両親のもとで育った赤ちゃんは、大人になり、今度は自分の赤ちゃんに夢中になるに違いありません。

「生まれてきてよかった！」という気持ちは、
親から子どもへ、
そして次の世代へと引き継がれていきます。
輝く命がつながっていきます。

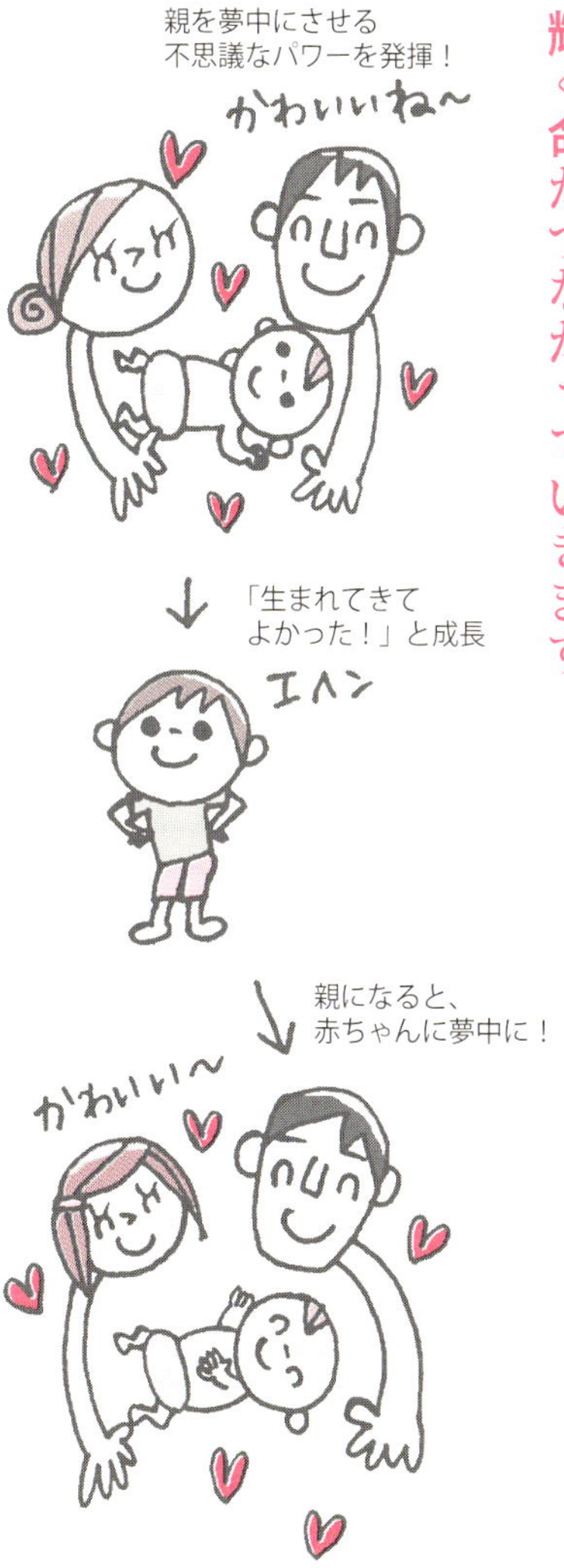
親を夢中にさせる
不思議なパワーを発揮！
かわいいね〜
「生まれてきて
よかった！」と成長
エヘン
親になると、
赤ちゃんに夢中に！
かわいい〜

Q3 トイレトレーニングなど
どこまで頑張ったらいいのか、わかりません。

歩き始めるのも、
言葉をしゃべるのもおそい子でした。
今はオムツがはずれないことも、
野菜嫌いも心配です。
一生懸命に教えながらも、
どこまで頑張ればあきらめていいのか、
そのラインがわかりません。
迷っています。（1歳）

どのお母さんも、一生懸命に子育てをしていることでしょう。

でも、子育てには、お母さんが一生懸命にやってはいけないことがあります。

トイレトレーニングはその代表です。必死になってトレーニングをするのはよいことではありません。

子どもは、首が座らなければ寝返りを打てません。

寝返りを打てるようにならなければお座りはできません。

お座りができるようになってハイハイが始まります。

ハイハイが始まる前に歩くということはありません。

成長には順番があるし、
いつできるようになるかは
子ども自身が決めるものです。
親が決めるものではありません。

でも中には、何かを教え込もうとして、心配になるくらい一生懸命になっている人もいますね。

「早く歩け」「早く話せ」「早く、早く」と赤ちゃんを急《せ》かすのは、競《きそ》う気持ちがあるからです。みんなより早くできる子どもが優秀だと思いこんでいるのでしょう。

しかし、そんなことはまったくありません。

トイレトレーニングもゆっくり、繰り返して教えていればいいのです。神経質なトイレトレーニングをされると、トイレそのものに対する拒否感や恐怖感が生まれて、トレーニングをむずかしくします。上手におしっこができたらたくさんほめているだけで、ちゃんとオムツははずれます。

「一生懸命に成長しろ」と子どもにおしつけてしまうと、かえってのびやかな成長をはばんでしまうことになります。

親の役目は、子ども自身の「〜〜したい！」という気持ちにより添って、それを手助けしてあげることです。

気持ち悪いから
取り替えようね。
しーしー

成長に寄りそうトレーニングは、
おもらししても叱りません。
「シーシを教えてくれたのね」
とまず言葉かけ。

どうして
早く言わないの！

「どうして？」と質問されても
理由は答えられません。

トイレが
楽しい

トイレがこわいところに
なっていませんか？
楽しい空間にするのも
１つの方法です。

Q4 激しい反抗期が終わりません。
いつまでもイヤイヤと言わせていていいの？

着替えもイヤ！
片づけるのもイヤ！
遊ぶのもイヤ！
いったいあなたはどうしたの！
半年以上も激しい反抗期が続いています。
これでいいの？
私もがまんの限界。
イライラがおさえられません。
（2歳）

乳幼児期の反抗期は2〜3歳ごろに起こります。何を言っても「イヤなの！」「やらない！」とアマノジャクな反応をする子どもの相手をするのは、ほんとうにたいへんです。

痛ましいことに、虐待児の中には、反抗期から親の虐待を受け始めたという子どもが少なくありません。未熟な親にとっては、乗り越えるのがむずかしい時期だといえます。

一方、「今は反抗期だから」と、子どものアマノジャクぶりに対しても、おだやかに構えていられるお母さんたちもいます。そんな人は、きっと「親を信じているから、子どもは反抗するのだ」とわかっているのでしょう。

安心しているから
子どもは、親に反抗します。
「こんなワルでも好き？」と、
反抗します。

子どもは、依存と反抗を繰り返しながら、自立します。

依存というのは、自分のいうことを聞いてもらうこと。一方、反抗というのは、無理やりに自分の言うことを聞かせようとすることです。つまり、依存も反抗も、「わたしの言うことを聞いてください」と同じことを訴えているのです。

らせん階段のように、依存と反抗の間をクルクルしながら、子どもたちは成長の階段を上っていきます。

反抗が大きい時期は自立をしようと努力をしている、自立をしようともがいている時期です。それをしっかり受け止めていれば、反抗は終わります。でも——

おさえつけてしまうと、
かえって反抗は長引きます。

十分に親に反抗ができなかった子は、成長後に、社会に向かっても反抗します。暴走族のように、自分のワルぶりを、これでもかと見せつけるのは、反抗期がずっと続いている状態です。

逆に親に反抗ができずに「いい子」を続ける子どももいます。これでは自立ができません。

反抗する子どもを、「反抗するのはすくすく育っているあかし。よしよし」と思って見ることができれば、お母さんのイライラも軽くなるのではありませんか。

そうやって、気持ちをちゃんと受け止めていると、反抗期は短くなります。

どんなにイヤイヤと言われても
ママはあなたのこと イヤに
ならない
もんね
イヤイヤ!

Q5 しつけはいつから、どうやって？

電車の中で
子どもが騒いでいるのに
知らんぷりの親を見て、
あんな母親にはならないぞ、
と決めていました。
しつけはいつから始めるのがいいの？
どうしたら上手にできますか？
（２歳）

しつけとは何だと思いますか？

手づかみではなく、スプーンを使ってごはんを食べるようにすることを、わたしたちは「しつけ」と言いますね。でも、世界には手づかみで食事をする民族もたくさんいます。日本人は大きくなったら、箸を使えるようにしつけますが、欧米人はナイフとフォークを使うようにしつけます。

スプーンを使うのは、「ねばならない」ことではありません。しつけで伝えようとしているのは「文化」なのです。

国や民族によって文化が違うように、家庭によっても文化は違います。それぞれに価値観があります。

だから、一人ひとりしつけは違っていいのです。何をどう伝えたいかは、ご両親それぞれに価値観が違うのですから。

文化を伝えるのがしつけです。ですからその受け皿ができた時期を見計《みはか》らって、伝えればいいのです。

オムツをはずすのも、洋服を脱いだり、着たりするのも、食事のマナーもなにもかも。

できそうになったときは子ども自身がシグナルを出します。やってみようとするんです。

そうしたら、手を添えて手伝ってあげればいいのです。もしやろうとしてできなかったら、「できなかったね〜」と言ってあげればいい。「すぐにできるようになるよ」言ってあげられればいいのです。自分からやろうとする前に、「やってごらん」と、お母さんがやらせたくなることもあるでしょう。でも、ちょっとやってみたら、まだ無理かどうかはすぐにわかります。無理だったら「ゆっくりでいいのよ」と、時期を待ちましょう。

やってみたいという子どものシグナルを受け止めて、それを手伝うことがしつけの始まりです。

「がまんができることも成長のあかし」と気づいたら、「がまんすること」を教えるチャンス。子どもも教えられることを待っています。

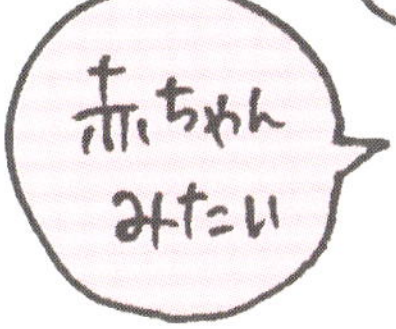

成長を喜ぶ気持ちは、どんどん伝えましょう。親の喜びを、子どもは「ほめられた」と受け止めます。

Q6 偏食をそのままにしておいていいの？

子どもの偏食に困っています。
野菜をまったく食べません。
牛乳も嫌い。
なんとか食べさせようと
してきましたが、偏食は直りません。
あきらめていいのでしょうか？
食育も気になります。
（3歳）

私は栄養の専門家ではありませんから、こんなことを言う資格はないかもしれません。でも、「これを食べないとダメ」ということはひとつもないと思っています。

わが家は、子どもが幼いころから大人になるまで、ずっと「嫌いなものは一切食べなくていい！」という方針でした。3人の息子のうちの1人は、生野菜が苦手でしたから、妻は、おいしく食べられるように調理の工夫をしていましたが、「嫌いでも必要だから食べなさい」とは言いません。それでも、子どもの健康にはまったく問題はありませんでした。

子どもの偏食を心配するお母さんは多いですね。でも大切なことは、「楽しく、喜んで食事をする」ということです。

まだいっしょに食事ができない赤ちゃんも、家族の食卓に参加させてあげてください。食卓の横で見ているだけで「なんか、ごはんって楽しそう」とわかります。スプーンの使い方が下手で全身が食べ物まみれになる子も、ひとりだけ先に食べさせてしまうより、家族いっしょのほうがずっといいのです。

そして、子どもの好きなものを作ってあげてください。


好きなものを作ってもらえると、子どもは自分は大切にされているんだと感じます。


わが家の場合は、料理がのった大きなお皿が食卓に並んでいて、子どもたちが好きなおかずを好きなだけ取るようにしていました。ハンバーグや鶏の唐揚げのように、「1人に○個」と言われるおかずもありましたが、イモの煮っころがしやサラダは好きなだけ食べていいことに。ぜいたくなものはありませんが、子どもの大好きな手作りの料理がならんでいました。

でも、お皿に取り分けた料理は残さないのがルールです。

それに妻は「今日は何を食べたいの」とよく聞いていました。

朝ごはんのときは、目玉焼きがいいのか、オムレツがいいのか、ジュースかミルクかといった注文を聞いていました。
もし、妙にこみ入ったリクエストをしたり、好きだったものを「イヤッ」と言う時は、子どもにストレスがあるときです。何かの信号だと思って見まもるようにしていました。
偏食を気にするあまり、子どもがイヤがることを無理やり従わせようとがんばっていませんか。

偏食を直そうとするのは
一生懸命やっては
いけないことのひとつです。

一生懸命なお母さんに応えたくて、「これは嫌い」と言えなくなってしまう子どもさえいます。

大好きでしょ！
これも食べなさい
ホントは
キライなのにへ
言えない…

かわいがり子育ての食卓

「好きなものを好きなだけ」
それがかわいがり子育ての食事。
自分で選ぶことで、
自立する心も育ちます。

お皿にとったら
残さないこと！
パパは
ピーマンが苦手
ボクは
お肉が好き
大好きな
トマトから
食べよう！

こら！ちゃんと食べないと
大きくなれないぞ！

偏食を心配しすぎると、
ついこんなことを言ってしまいます。

子どもをおどして
どうしますか？

「これが食べたい！」という気持ちに応えることもかわいがり子育ての基本。そうすると、子どもは自分は大切な存在なのだと思えます。

ご注文は？
目玉焼きの両方を焼いてね
ジュースにしてください

子育てには
一生懸命にやってはいけない
ことがあります。
偏食を直そうと、お母さんが
がんばり過ぎると
子どもはたくさんのものを
失います。
嫌いなものを食べなくても、
楽しく食事をしていれば
たくさんのものが心の栄養に
なっていきます。

Q7

しつけに失敗しちゃったのかな。

のんびり屋さんで、「ママ、やって！」ばかりです。

お友だちの家に遊びに行ったら、
3歳の女の子がアメの包み紙を
自分からごみ箱に捨てに行くのです。
娘より年下なのに……。
うちの子は、
何回言っても片づけません。
何かというと「ママやって！」と甘えます。
しつけに失敗しちゃったのかしら。
（4歳）

子どもは本来、なんでも自分でやろうとします。危なっかしくて見ていられないようなことまで、「ボクがボクが！　わたしがわたしが！」とやろうとします。

歩く訓練なんてしなくても、自分からたっちして歩き始めるし、言語の訓練なんかしなくても、周囲の言葉をまねながらみんなしゃべり始めます。

そのことについてヴィゴツキーというロシアの発達心理学者が「子どもというのは、自分の発達方向へ向かった最近接領域の課題にいつも取り組んでいる」と言っています。これをやさしく言い直すと次のようになります。

まだ、できない！
だけどもうすぐできそうだ！
そうやって、子どもは毎日を生きている。

子どもは「まだできないけれど、もうすぐできそうだ！」と毎日、挑戦している。

すてきですね。

ところが、そんな「もうすぐできそうだ」という気持ちが損《そこ》なわれてしまうことがあります。

それは子どもの自尊心が傷ついてしまったときです。すると、挑戦する意欲を失ってしまいます。

まだ言葉がたどたどしい小さな子どもでも、大きな自尊心を持っています。できることを期待されているのに、それができないときは自尊心が傷つきます。

こんなとき、さすがに「こんなこともできないの」と直接口にはしなくても、やりたがらないことを無理やりやらせようとしたり、「もっと上手に、もっと早く」と焦《あせ》っていると、子どもは、お母さんから、「こんなこともできないの。ダメな子ね」というメッセージが出ているのだと感じてしまいます。

自尊心とは「ボクっていいじゃん！」という気持ち。愛されていると感じていると その気持ちは強くなります。

お母さんの目から見れば、のんびりしていても、回り道ばかりしていても、「もうすぐできる！」と子どもたちは思って生きています。だから、どんなに小さな「できた！」でも、子どもといっしょに喜んであげてください。

「できないから、ママ助けて！」と言われたら、子どもの心が満たされるまで手伝ってあげていいのです。

自分でも「できた！」と喜んでいることをお母さんからほめられると「ボクっていいじゃん」という自尊心はすくすくのびていきます。

Q8 ミルクで育てると、将来に悪影響がありませんか？

絶対に母乳で育てようと決めていたのにダメでした。出ないおっぱいを吸う子どもを見ていると申し訳なくなります。ミルクでは大切なものが伝わらないのではないかと不安です。（0歳）

まったく心配ありません。

確かに母乳で育てることができたら、最高ですね。でも人間は知恵があるから、母乳でなくても子どもがすくすく育つように、人工栄養を作り出してきたのです。ミルクは知恵と愛情のたまものです。

心や体の健康に影響があるかなんて、心配することはまったくありません。

そもそも完全無欠な子育てなんてないし、子育てには成功も失敗もありません。「あなたの子育て」があるだけです。理想にこだわり過ぎず、こっちがダメなら、こうしてみよう、それでいいのです。

そして、ミルクを与えるときに、ニコニコと笑って、ぎゅっと抱きしめてあげてください。

お母さんの笑顔は、母乳でもかなわない、子育ての必須栄養です。

Q9
眠りません。夜泣きもひどく不安です。

育児書には
1日20時間眠ると
書いてあるのに
10時間ぐらいしか眠りません。
夜泣きもひどく、心配です。
私も疲れはてて
出産を後悔することも
あります。（0歳）

私には3人の息子がいますが、どういうわけか、ひとりだけ夜泣きがひどかった。同じように育てているのに、ひとりだけ違っていたのです。

その子どもが泣き始めると、妻は背中を壁にもたれかけて座り、ひざの中にすっぽりと子どもを包み込むように抱いてあやしていました。そして自分はうつらうつらしてました。その役目を私も替わりましたが、母親のひざほど快適ではなかったのでしょう。火がついたように泣く子を母親に戻したものです。あのころは睡眠不足で体力的にもたいへんでした。でもそれは永遠に続くわけではありません。

だから、待っていればいいのです。

不安でイライラしていたら、長引くだけ。

あやしながら待っていれば、子どもは眠ります。

成長を待っていれば子どもの夜泣きは終わります。

Q10 さびしいの？ 指しゃぶりの原因がわからない。

3歳なのに、
指しゃぶりをします。
さすがに「異常では…」と
不安です。
さみしさのあらわれと指摘されて
落ち込んでいます。
（3歳）

指しゃぶりは赤ちゃん返りの一つです。3歳ならば当たり前、4歳、5歳でも異常なんかではありません。小学生などはツメかみなどをします。

これは一種の欲求不満。さみしさのあらわれです。でも、欲求不満はあっていけないものではありません。どんな人でも欲求不満はあるものです。病的なものでない限り、問題はまったくありません。

子どもはストレスを受けると赤ちゃん返りをします。そして一方で、攻撃的になります。指しゃぶりを始めた子が、幼稚園などで子どもをぶったりする。

こういうときは、子どもをうんと甘えさせてあげてください。絵本を読んで、お話を聞いて、手をつないで歩いて、スキンシップをたくさんしてください。そして「よく、サインを出してくれた」と思ってください。さみしさをキャッチできてよかったですね。

ママ、
もっともっとボクを見て！
と子どもたちがサインを
出しています。

今日は寝ない！

ママー
ママー

だっこー

全部ワタシのだもん

サインをキャチしたら、
抱っこして、お話を聞いてあげます。
たくさん甘やかしましょう。

かわいがり子育てコラム1

男の子って育てにくい？

「男の子は育てにくい」と思われていると聞きました。育児に悩んで育児書を買うのも男の子のお母さんが多いそうですね。

そこで思い出したのが、アメリカのダラスにあったティンバーローン精神医学研究所の研究です。ここでは1970年代に膨大な家族研究を行いました。そこでわかったことの1つが、お母さんの感情の中に男の子が取りこまれることが多いということです。

お母さんと女の子、お父さんと男の子、お父さんと女の子という他の3つの組み合わせに比べると、お母さんが男の子を取りこんでしまう確率が高かったのです。

お母さんは、男の子を自分の望み通りに育てようという気持ちが強くて、男の子の社会的な自立を損なってしまうことがあるということです。この研究では「なぜか」までは探ろうとはしていません。私も、へんに解釈をするのはやめましょう。

もし、お母さんが、男の子は育てにくいと感じているとしたら、自分の望み通りに育てようという感情が強すぎることが関係しているかもしれませんね。

その感情には、夫にどれぐらい満足しているか、ということの影響がある点も付け加えておきましょう。両親が仲良しだと、母親の男の子に対する過剰な感情もやわらぐとわかっています。

第2章

十人といろ

個性をはぐくむ

Q11 とても怖がりで、私のそばを離れません。

とても臆病です。
公園でも私にしがみついて、
子どもたちの中に
入っていこうとしません。
ようやく砂場で遊び始めても、
私が砂場の外に出ると
たちまち追いかけてきます。
とても怖がりで、私のそばを離れません。
何がそんなに不安なのでしょうか？
（3歳）

子どもが望むだけそばに付いていてあげていてください。やがて、お母さんが付いていなくても遊べるようになります。

5歳児のお母さんから同じ質問を受けたとしても、私は、同じようにお答えします。

それが10代のお子さんであっても、答えは同じです。

なぜなら、お母さんから離れらない子どもは、まだ自分の周囲に十分な「安全空間」を作ることができていないからです。

子どもにとってお母さんは特別な存在です。2歳ぐらいまでは、お母さんと自分は別々な存在なのだという感覚すらないぐらい一心同体です。

それが成長とともに、自然に、だんだん母子分離がされていきます。

この母子分離を可能にするのが、「フィーリング・オブ・セキュリティー（安全感）」と「スペース・オブ・セキュリティ（安全空間）」という感覚です。

feeling of security
自分が安全だと感じられる感覚
space of security
自分がここにいても安全だと感じる空間

子どもはお母さんの愛情に安心すると
安全感を心の中に抱けるようになります。
それから安全空間を作ります。
その安全空間を持ち歩くようにして
お母さんから離れていきます。

どこにいても、お母さんが見えなくても、自分はちゃんと守られているぞ、という気持ちでいられるということなんです。

この安全感や安全空間というのは、イギリスの精神分析家で小児科医でもあったウィニコットが、子どもたちの発達を観察していて、使い始めた言葉です。

親が見ていないところでも、平気で行動している子どもたちは、安全空間にすっぽり包まれているわけです。親と離れることを怖がるときは、「早く離れて！」なんて思わずに、この空間がしっかりできあがるまで、いっしょにいてあげてください。

ママが守ってくれる

かわいがられていると
安全感ができてきます。

はなれていても
ママが
見ている

見まもられていると、
安全空間の中で
行動できます。

いつも
どこでも
守ってもらえるんだ

愛情を確信していると
安全空間はどこにでも
持ち歩けるようになります。

Q12

わがままに手を焼いています。

過保護にしたつもりはないのに、なぜ？

わがままに手を焼いています。
もう歩きたくない！
ぜったい行きたくない！
そんな要求が通るまでグズグズ…。
私は、過保護な親ではありません。
むしろ、厳しく接しているのに
なぜでしょう？
（5歳）

このお母さんと同じように「過保護はいけない」と思いこんでいる人も多いことでしょう。でも私は、お母さんたちにむしろ、過保護になってほしいと思っています。過保護というのは、子どもの望みを聞き、それに応えてあげることです。

もしかしたら、お母さんは「〜〜してはいけない」とか「〜〜しなさい」とばかり子どもに言ってはいませんか。そしてそのことを、自分は過保護な親ではない、厳しく接していると思ってはいないでしょうか。

そんなふうに、子どもの気持ちや望みを無視していたら、わがままになるのも不思議なことではありません。なぜなら、

子どもは、自分の言うことをよく聞いてくれた人の言うことを、聞くんです。

「わがままで困る」という場合は、子どもの声に耳を傾けてい

ないことが多いのです。だからこそ、お母さんは子どもの言うことを、もっと聞いてあげることから始めてください。

子どもが望む本を読んであげて、望むオヤツを用意してあげる。そんな風に心がけていればいるほど、今度は子どものほうが、親のことをよく聞く子になります。本当です。

過保護で、甘やかし過ぎたら子どもがダメになるなんてことはありません。それに子どもの望みに十分すぎるほど応えてあげられる過保護なお母さんは滅多にいるものではありません。ただし、子どもが望んでもいないことを先回りしてやってしまうお母さんはたくさんいます。これは、過保護ではなくて、過干渉です。

過干渉は、子どもの言うことを聞いていないという点では、「～しなさい」と命令ばかりしているのと同じです。

子どもを無視している放任とも同じです。

過保護

子どもが望んでいることに応えるのが過保護。

過干渉

子どもが望んでもいないことをやったり、命令ばかり下しているのは過干渉。

放任

無関心なのは放任。望みを無視している過干渉と放任は、子どもをわがままにします。

Q13 かんしゃく持ちで、怒りだすと止りません。

生まれつきのかんしゃく持ち。
思い通りにならないと物を投げたり、
エビ反りになって暴れます。
遊び方も乱暴なので、
公園でもいつもハラハラ。
危ない遊びをやめさせようとして、
顔をひっかかれたこともあります。
大きくなってもこんなに
キレやすかったらどうしよう。
（3歳）

かんしゃく持ちには、体質も関係しています。たしかに、子育てと関係なく、激しい気性の体質の子どもがいます。

そんな子どもは、どちらかというと不器用です。

指先が不器用でボタンをはめるのが苦手だったり、靴をはくのが下手だったり……。なわ跳びや鉄棒のような運動が苦手の子も少なくありません。指先をうまく統合できないということは、感情を統合する力も弱いのです。

この質問をされた方のお子さんはどうでしょうか。

こんなふうに、感情をおさえることが下手だということは、別の側面からみると「自分はこうしたいんだ！」という欲求が強いのだとも言えます。かんしゃく持ちは、強い欲求を持っている子どもなんです。

それだけに、その欲求を力でおさえつけようとすると、子どもは、ますます感情の統制ができなくなってしまいます。

かんしゃくを起こしている子どもに、おだやかに接するのはむずかしいかもしれません。しかし、親が感情的になると、悪循環になるだけです。

子育てで大切なことは、子どもの個性が違っても変わりません。欲求に耳を傾けて、望むことに応えてあげること。

とくに衝動の強い子どもには、いっそうその声に耳を傾けてあげてください。それにこんなことも言えます。

かんしゃく持ちは、
悪いことばかりではありません。
大きな業績を上げている人の中には
子どものころ、
かんしゃく持ちだった人がたくさんいます。

なぜでしょうか。

不器用だから八方美人にならずに、あることに徹《てっ》して一芸に秀《ひい》でることが多いというだけではありません。もともと持っていた強い衝動や欲求が、よい方向へ噴出して、前へ進むエネルギーになったのでしょう。

ただし、どの方向へ向かうかは、子ども自身が決めることです。

3歳ぐらいでは、親の目から見て価値ある方向へと、そのエネルギーは向くものではありません。だからといって親の望むことをさせようと無理をしないように。

親から見ればたとえ「なんとつまらないことに！」とあきれるようなことでも、夢中になっている姿を見まもることを、親は楽しんでください。

うしろからギュッと抱きしめると、お母さんの気持ちに包まれます。かんしゃくを静める方法の1つです。

Q14

よその人にあいさつができません。

いくら教えても
ご近所さんやお友だちのママに
「おはよう」と言いません。
親切にされても
「ありがとう」も言いません。
「ありがとうは？」と私が言っても
がんこに口をとじてしまいます。
（4歳）

よその人にあいさつできないなんて、まったく心配することはありません。

それより、家の中で、家族同士であいさつをしているかな、と考えてみてください。

あいさつは家族の間で始まります。

「おはよう」とおたがいに言葉をかわすのが楽しいから、子どもたちは「おはよう」と言うようになります。

「今日はどんな一日になるのかな」とわくわくする朝が好きな子どもは、「おはよう！」の声も元気いっぱいです。

「いただきます」、「ごちそうさま」、「おやすみなさい」と言うと、お母さんやお父さんが、「はい、どうぞ、おいしく食べてね」「ご飯は、おいしかった？」「はいおやすみなさい。今日も一日楽しかったね」と言ってくれるから、うれしくて、あいさつの言葉をたくさん覚えるんですね。

子どもはあいさつが楽しいのです。

親が「しつけ」なんで意識するまでもなく、あいさつの習慣は身についていきます。だから、

家族の中であいさつができていたら、それだけで素晴らしい。

むしろ、子どもが幼いころは、家族みんなであいさつをしていたのに、大きくなったら消えてしまうということはありませんか。そんなことがないように、家族がたがいに言葉をかけあう習慣を続けてほしいものですね。

質問のお母さんは、他人にあいさつをしないことを気にしていますが、幼い子どもが他人に対してするあいさつというのは、家族同士のあいさつに比べたらよそよそしいもの。家の中であいさつができていたら、それだけで十分に素晴らしいですね。

その日が
楽しみだと、
あいさつも
元気に。

おはよう
おはよう！

いっしょに
あいさつすると、
ごはんも
おいしい！

いただきまーす

大人になっても
ちゃんとあいさつ！

ごちそうさま

Q 15

イジメなんかはね飛ばす強い子に育てたい。

私自身が小学生のころ
イジメられた経験があります。
子どもには、あんな思いを
させたくありません。
イジメられない子に育てたい。
イジメられても「ノー」と言える
強い子に育てたい。
身体が小さいだけに、いっそう
その気持ちが強くなります。
（3歳）

子どもたちの社会でも、弱い子はイジメられるというほど単純ではありません。イジメっ子も、イジメられっ子も、じつはコミュニケーションが下手な子どもが多いのです。

どうして下手なのでしょう。

それは、コミュニケーションの土台作りがうまくいっていないからではないでしょうか。ここでは土台作りのお話を少し詳しくしましょう。

思い出してみて下さい。生後1、2ヶ月すると赤ちゃんはお母さんの笑顔に笑顔を返してくれるようになりますね。それが2、3ヶ月では自分のそばにいて、と求めるようになり、3、4ヶ月になると自分の喜ぶことをしてくれなくちゃイヤだ!となる。オムツがぬれると泣き、おなかがすいたといっては泣き、眠いといっては泣いて「わたしを快適にしてくれなくてはイヤだ!」とアピールします。

そして5、6ヶ月になると、もっと要求が高くなる。

私が喜んでいることを
あなたも喜んでください、と
赤ちゃんは求めます。

イヤイヤ抱っこされるのでは、ダメなんです。赤ちゃんは、自分を抱っこすることで、お母さんやお父さんが幸せな気持ちになってください、と望んでいる。この望みがかなえられることが、赤ちゃんの「情緒の出発点」です。

そして、たくさん喜びを分かちあう
経験をしなければ、
他の人と、悲しみを
分かちあえるようにはなりません。

こうやってコミュニケーションの土台が作られていきます。

喜びを分かちあう経験をしていない子は、人の気持ちを理解したり、思いやりのある子どもにはなれません。

学校でのイジメの問題は深刻ですね。

他者の痛みや悲しみを感じることができない状況を見ていると、子どもたちの間で、喜びの気持ちを分かちあう機会が減ってきているのだと思います。

人間は、ひとりで喜ぶことはありません。
喜びは、人との関係の中で
生まれる感情です。

イジメに負けない強い子に育てようと発想するより、お母さんが、この子の望みに応えることはうれしい、幸せだと思っているこどのほうが、イジメたりイジメられたりという状況から子どもを遠ざけることにつながります。

コミュニケーションの土台作り

言葉のやりとりがコミュニケーションだと思っていませんか？
土台になるのは、喜びや悲しみの気持ちを分けあうことです。

わあ〜重いなあ
キャッキャッ
大きくなったなあ

喜びの交換は家族から始まります。

ママ、かなしいの？
ボクが
ついてるからね

悲しさを分けあう体験も家族から始まります。

お友だちとの間でも、悲しみを分け
あうことができるようになります。

人といっしょに
喜びあう経験を
たくさんすると、
人の悲しみも
感じることができる、
人のことを思いやれる
子どもになります。

コミュニケーションの
土台がしっかりします。

Q16

テレビに子守りさせていると自閉症児っぽくなるというのはほんとうですか？

子どもがテレビを見る時間を
1日30分だけと決めて、
きちんと管理しているママがいます。
立派ですが、まねできません。
私が働いているため、つい、
テレビに子守りをまかせています。
でも、母に
「自閉症児っぽくなるらしい」と言われ、
ドキッとしています。（3歳）

「自閉症っぽい」とはどんな状態を言っているのでしょうか。子どもの発達障害は、テレビとは関係がありません。テレビのない時代にも自閉症児はいたし、子どもがテレビを見始める前から、それとわかります。

どうやら誤解をされているようですね。

もしかしたら、人間関係がとぼしい人間のことを「……ぽい」という表現をしたのかもしれませんね。言葉の使い方としては、よくないと思いますが、それなら、少し意味がわかります。

テレビを見ているときと、おもちゃで遊んでいるときの、子どもの心の中はまったく違います。

おもちゃで遊んでいるときの子どもは、「今はできない。でももうすぐできる」という気持ちでいっぱいです。

ブロックが3つしか積めなかったら、5つ積もうと思っている。あるいはいろいろな色を使おうと思っている。色をそろえようと思っているかもしれません。

遊びは、何かに働きかけてその結果が変わることで成り立っているんですね。

あるいは人と人の関係で成りたつ遊びもあります。おじいちゃんやおばあちゃん、友だちと「楽しさのやりとり」をするのが遊びです。

どちらにしても遊びは一方的なものではありません。そしてその遊びが、子どもの成長の栄養になっていきます。

ところが、テレビはそのどちらでもありません。一方的に与えられるだけです。それが人格形成に影響を与えても不思議はありません。

忙しくても、いっしょに遊んであげてください。そのほうが、子どもだってうれしいのですから。

おもしろいけれど、
喜びは……ない。

「きのうはできなかったのに、今日はできる！」は大きな喜びです。

「こうすればできるんだ」という発見も大きな喜び！

ボールといっしょに喜びのやりとりをします。

Q17 子どもがうそをつきます。

裏切られたような気がしてショックです。

見覚えがない
おもちゃがあるので、問いただすと
「○○ちゃんがくれた」と言い張ります。
でも、本当は息子が取ってきたものでした。
「ぶたれた」と言うので、
その友だちのママに連絡をしたら
息子のうそだとわかったこともあり、
情けなくて息子の前で
泣いたことがあります。（5歳）

人間はどういうときにうそをつくのでしょうか？

そのことが明らかになることによって、自分が深く傷つくとき、自分を守ろう、自分の自尊心を守ろうとして、人はうそをつくのですね。自尊心というのは、「ボクっていいな、わたしっていいな」という気持ちです。

本当のことを言ったら、「あなたは悪い子」だと思われてしまう。親に向かってうそをつく子どもは、それまでにそんなふうにして、自尊心が傷ついたことが、何度もあったのでしょう。

小さい子どものうそはうそをつかせているほうが悪いのです。

子どもがうそをつくほど、追いつめてしまったのですから。

それではそんなとき、親はどうしたらいいでしょう。

「どうしてそんなことをしたの」と問いつめる必要はありませ

ん。そんなことをしていたら、またうそをつきます。

子どもの話を聞いて、正直に言ったときには「ほんとうのことを言ってくれてありがとう」と喜んであげてください。

どんなにショックでも、子どものいないところで悲しんでくださればいいのです。

「ほんとうのことを言ってくれてありがとう！」

お母さんにとってはショックが大きいこと、悲しいときこそ笑顔でこう言います。そして「そんなことをしない人間になってくれたら、ママはもっとうれしい」と伝えます。

じつは、うそには、相手への思いやりや人と人の間の潤滑油《じゅんかつゆ》としての機能もあります。広い意味でうそをつきながら、大人は人間関係を営《いとな》んでいきます。

「うそは悪い」と決めつけられませんね。

くまさんにも
「ねんねだよ」と言ってね
くまさんが「もっとあそぼ」
と言っているよ。
ほんとうのことを
言ってくれてありがとう
ごめんね。
わたしが
こわしたの！
ママがいちばん
きれいだね
うれしい！
ありがとう
（気配りかな）

幼いと想像と現実の区別もあいまいです。うそにつきあいましょう。

ショックが大きいときほど、笑顔で！

こんなとき、子どもをうたがわないで！

Q18

男の子なのにかわいいものが好き。大丈夫？

男の子なのに
ミニカーやヒーローものには
まったく興味がありません。
好きな色はピンク。
好きなキャラクターはポケモン。
女の子みたいでいいのかな。
（4歳）

まったく心配することはありません。

親は「男の子らしく」とか「女の子らしく」ということは、基本的に考えなくていいと思います。生物学的なことも、社会的なことも、友だち関係や学校などで身についていきます。

子どもの好みは尊重してあげてください。

むしろ私は、親の好みをおしつけられている子どもをかわいそうに思っています。

たとえば毛を染められたり、黒ずくめの洋服を着せられた子どもたち。子どもが自分で選んだとは思えないのです。子どもの好みを無視してしまうのは、親の自己愛のあらわれではないでしょうか。

子ども自身に選ばせたなら、親の好みと違っていてもいいのではありませんか。

Q19

早期教育はしたほうがいいの？　しないほうがいいの？

早期教育なんて
必要ないと思いたい。
でも、そのために
後になってからでは
間に合わないくらいの
差ができてしまったら
どうしよう。
悩みます。（3歳）

とてもむずかしい質問です。なぜなら、子どもは育てたように育つからです。もし早期教育をしたら、あるいはしなかったら、という仮定に答えることはできません。

早期教育が成功したら、その部分は育ちます。一生懸命に訓練したら、スポーツや音楽など、そのことに才能があれば伸びますね。でもうまくいかなかったら、育ったであろう別の部分を損なうだけ。ひどく傷つけてしまうこともあります。

そもそも、親が子どもを幸福にしようと思ってやっている部分と、親自身が幸福になりたい気持ちがグチャグチャになってはいませんか。そこのところを整理して、判断をしてください。

私個人としては、早期教育などはしなくていい、と思います。

かわいがり子育てコラム2

見せかけの前進

心理学者のエリクソンの言葉に「見せかけの前進」というものがあります。強大な独裁者が君臨している国では、個人個人の気持ちはともかく、国民が整然と行進をします。あれが見せかけの前進です。

子どもも見せかけの前進をすることがあります。

親が「こうあってほしい」と強烈なプレッシャーをかけていると子どもは、親の描いた道をそのまま行進していきます。その道を踏み外したら、親に愛してもらえないと子どもは感じています。愛してもらえなければ、生きていけないから、子どもたちは必死です。

しかし、見せかけの前進は、自分で決めた自立的なものではありませんから、前進する力は弱く、ささいな障害でも自力で乗り越えられずにストップしてしまいます。それだけでなく、前進することへの不満が爆発して、攻撃的になることもあります。

親が子どもの「将来のために」と、子どもの「現在」を犠牲にしてしまうのは、私はいけないことだと思っています。

独裁者の国が豊かになれないように、独裁的な親には、子どもの人生を豊かなものにすることはむずかしいのではないでしょうか。

第3章

せっさたくま

子どもの世界

Q20

性格のまったく違う兄弟です。

下の子ばかりかわいがってしまいます。

次男は活発で
「ママ、ママ」と甘えん坊。
長男ははっきりしない性格なうえ、
へんに頑固です。
正直にいうと長男より次男のほうが
ずっとかわいい。
長男がなんとなく暗いのは、
私のこんな気持ちに
気づいているからかもしれません。
大丈夫でしょうか。
（5歳・3歳）

困りましたね。大丈夫ではありません。

かわいがった子は、かわいくなっていきます。兄弟の片方の子がかわいくないというのは、かわいがり方が足りないのかもしれません。

はじめて子育てを体験するのですから、長男や長女など第一子のときは、不安がたくさんあるのも当然です。それに比べると、第二子、第三子は、子育てに少しゆとりがうまれて、親も楽しむことができる。十分かわいがることもできるのでしょう。

そのことを意識して、上のお子さんをたくさんかわいがる努力をしてください。

子育ては順番が大切。
何をするにも、生まれてきた順番を
心がけるといいと思います。

「何を食べたい？」と聞くときにも、好きなお菓子を選ばせるときも、お風呂で身体を洗ってあげるのも、上の子が最初。「お兄（姉）ちゃんだから後で」なんて言わない。

下の子は平気です。生まれてきた順番ですから。

上の子は、最初は自分だけのために親がいたのに、弟妹が生まれて状況が変わったのですから、つらい。ひがみっぽくなるのも不思議はありません。でも、親が「お兄（姉）ちゃんが先ね」と接していると、自立心が育ち、自分から「弟や妹が先でいいよ」とゆずるようになっていきます。

上の子を後回しにしてはダメなんです。
上の子からかわいがる。
はじめはちょっと努力です。
かわいがっていれば、
どんどんかわいくなっていきます。

ママはだれが
1番好き？

わが家の3人の息子たちは、よくこんな質問をしていました。

答えはいつも同じです。

パパがいちばん！
あとは全員2番
いいの。
君たちが大人に
なったら「あなたが1番！」
と言う人が
あらわれるんだから

Q21 子どもにとって、お友だちってどんな存在なの？

お友だちといっしょに遊ぶのが苦手です。ひとり遊びが好き。幼稚園でも仲のよいお友だちはいないようです。私自身も友だちは少ないほうなので親に似たのかもしれません。子どもにとってお友だちってどんな存在なのでしょうか。

（4歳）

児童館の先生が「最近、子どもたちだけで遊ぶことができない子どもが増えている」と心配しています。みなさんの子どものころは、どうでしたか。

むしろ、大人の目が届かない子どもたちだけの世界ほど楽しい空間、楽しい時間はなかったのではありませんか。

極端なことを言うと
親はなくても子は育ちます。
でも、友だちがなくては
子どもは育ちません。

人間は社会的な存在であることを運命づけられています。人間はたったひとりでは生きていけません。社会的な存在とは、他者とコミュニケーションをしながら生きていく力があることをいいます。その運命づけられた方向へ成長が向かわないと、引きこもりになってしまったり、あるいは反社会的な犯罪者になってしまう。

社会的な立場で、他者とコミュニケーションする力を身につけるには、友だちと遊ぶこと！　これ以外ありません。

友だちと遊んでいて、
片方だけが楽しいということはありません。
両方が楽しい。
遊びながら、喜びというプレゼントを
交換しあっています。

「ああ、面白かった！　また明日ね」といって別れる。「ひとりでテレビを見ているより、友だちと遊ぶほうが楽しいな」という気持ちを味わいながら、いっしょに楽しみ、いっしょに喜び、さらにいっしょに悲しむことで、コミュニケーションをする力はしっかり育っていきます。

そのために親ができることは、友だちを作りなさいとマネジメントすることではなくて、コミュニケーションの土台作り。

親子でいっしょに喜ぶ経験を積み重ねることです。

友だちといっしょに遊ぶことが苦手なのは、喜びというプレゼントの交換がうまくできないからですよ。まずは「親といっしょに遊び、いっしょに楽しむ」を重ねていくと、友だちとも楽しさを交換することができるようになっていきます。

ママはあなたが
楽しそうにしていると
楽しい

お友だちといっしょに遊べない子どもはお母さんと遊ぶことから始めましょう。

Q22

「みんな持っているのに」と言いますが、ゲーム機は絶対に持たせたくありません。

携帯ゲーム機を
子どもがほしがります。
でも、私は絶対に持たせたくありません。
理由を説明しても
「みんな、持っているのに」と
がっかりして、納得してもらえません。
それが原因で仲間はずれになることは
ないと思いますが……。
（5歳）

なぜ、絶対にゲーム機を持たせたくないのですか？　私にはわかりません。ゲーム機を持たせないかわりに、ご家庭でどんな立派なことをさせたいのでしょうか。それとも、子どもがゲーム機に没頭してしまうことが不安なのでしょうか。

ゲームなんて、ひとりぼっちになってしまったときにするものです。5～6歳の子どもが、ゲーム以上に楽しいことがないなんて、これほど貧しいことはありません。お母さんに本を読んでもらう、お父さんと走る、お手伝いをするなど、ゲーム以上に楽しいことがたくさんあるのではありませんか。

ゲーム機なんて怖がることはありません。

「みんなが持っているのでほしい」と子どもに言われたら、買ってあげていいと、私は思います。

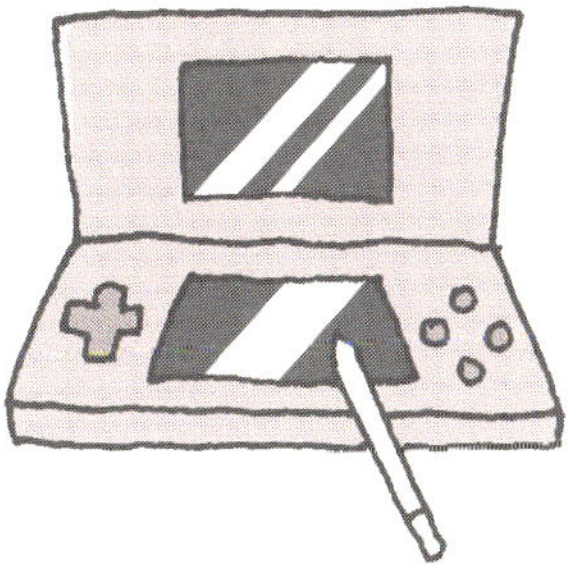

なぜなら、子どもにとって「みんなと同じ！」ということには大きな意味があり、そして大切なことでもあるからです。ひとりだけみんなと違う、というのはさみしいものです。

たとえば幼稚園へ入園後、みんなが黄色い帽子をかぶって通園しているのに、ひとりだけ、親が特別に選んだ高価な赤い帽子をかぶらされた子どもは、どんな気持ちでしょう。高価な赤い帽子がうれしいでしょうか。

味わっているのは「さみしさ」です。

でも、もし、最初はみんなと同じ黄色い帽子をかぶり、1年後に赤い帽子で通園したら、周囲から「わー、かっこいい」と言われ、本人も「エヘヘ」と自慢に思うのではありませんか。

2つの条件が満たされているときに、子どもたちはイキイキします。第1は、みんなと同じという条件。第2は、わたしはみんなよりちょっとすぐれているぞ、と思えるとき。

でもそれには、順番があるんです。

まず最初は、
みんなといっしょ。
次に、
みんなより
ちょっといい！
順番を間違えたら
たいへんなことに
なります。

「かけっこが速い」「お絵描きが上手」と得意な気持ちになるのは、「みんなといっしょ」の後で味わう気持ちです。

子育ては「順番に！」が大切

順番を逆にすると、子育てはむずかしくなります。順番を忘れていることもあります。順番を思い出しましょう。

家族でいっしょに喜ぶ

友だちといっしょに喜ぶ

まず、お姉ちゃん、次に妹

「妹が先でいいよ」と言ったら逆に

ちょっと人と違うことが得意に！

まずみんなといっしょ

子育てには順番があります。
うれしい気持ちを
たくさん味わった子は、
人の悲しい気持ちも
分けあえるようになります。

お兄ちゃんだから、
と大切にされた子は、
妹や弟を大切にできます。
ありがとうと言われた子が
ごめんなさいと
言えるようになります。

順番を逆にはできません。

Q23

成長がおそい子です。

友だちとの差に本人が気づき始めました。

成長がおそく、
言葉や運動能力などが
同年齢の子どもより劣っています。
そろそろ、
本人も友だちとの差に
気づき始めています。
親はどのように
接したらいいでしょうか。
（6歳）

文言から察すると、発達障害があるお子さんなのでしょう。お母さんもそのことを知っておられるから、迷っています。

幼稚園や保育園ではあまり問題はないでしょうが、小学校では、勉強についていけなかったり、体育の時間にクラスメートにみじめな姿を見られることも起こりえます。

子どもに劣等感を持たせることは、子育てでは、もっとも避けたいことです。

もし本人が、友だちとの差に気がつき、いっしょに行動するのが楽しくない、苦しいと思い始めたら、無理にお友だちの中に入れなくていいのです。

学校も普通学級ではなく、特別支援学級がいいと思います。

ご両親の中には、普通学級に通わせることに強くこだわる方もいます。たくさんいます。

でも、障害を持っている本人は、教室で劣等感や自己不全感を感じずにはいられません。

それでも、子どもを普通学級に進ませたいのは、親のエゴではないでしょうか。親のプライドを守るために、子どものプライドをつぶしているのだと私には思えます。

「〇〇ができるからいい子」「〇〇をするから大好き」ではなく、できても、できなくてもあなたが大好きという親であってください。

どんな子どもであっても同じです。

発達障害があれば、いっそう、その子のありのままを受け入れることを、子どもたちは求めています。

内気な子　汚してばかりの子　気取り屋さんの子

簡単なことではありませんね。でもむずかしくはありません。もしかすると、障害のある子どもを育てている親のほうが、それができているかもしれません。

私がよく知っているアスペルガー症候群のお子さんは、小学3年生のときになかよし学級に移ると、自分で決めました。

成績がよい子だったので、担任からは引き止められましたが、本人が「つらいから」と決めたのです。今は、本人のよいところを伸ばしてくれる教室にいきいきと通っています。本人に選ばせると、案外間違わないものです。それに、それをさせた親ごさんも、障害のことをよく理解されていたと思います。

そのままのあなたが好き
泣き虫な子
子どもの個性はいろいろ
小さい子と大きい子

Q24 はげしい兄弟げんかをします。

2つ違いの兄弟が
毎日のようにけんかします。
両方の話を聞いて
仲裁《ちゅうさい》しても
おさまりません。
（4歳・6歳）

わが家の男ばかりの三兄弟もよくけんかをしました。こっぴどくやっつけられた弟が、翌日はケロリとして「お兄ちゃん～」と、追いかけていきます。

兄弟げんかはスポーツのようなもの。

子どもたちは兄弟げんかをしながら、仲直りの練習をしていきます。

だから無理な仲裁はいりません。頃合いを見はからって、親は「いい加減にやめて、オヤツにしよう」と、試合終了を宣言すればいいのです。

勝敗がつかない試合終了ですから、「ノーサイド」という感じです。

私たち夫婦は事情を聞いて「どっちが悪い」とジャッジして、「あやまりなさい」と片方を叱ることはしませんでした。

片方を叱っていると、兄弟げんかはむしろ、エスカレートしてしまいます。

Q25 お友だちに乱暴します。

保育園で
お友だちに噛みつきました。
お友だちのママから
「乱暴だ」と注意された
こともあります。
乱暴な性格を
変えられますか？
（4歳）

乱暴というか、攻撃性というのは欲求不満の現われであることが少なくありません。

生まれつき欲求が強いこともありますが、ご両親が子どもに対して「こうしてほしい」「こんなふう成長してほしい」という要求をたくさんしているために、本人が欲求不満になっていることもままあります。子どもの将来に夢を託《たく》すのは、当然ですが、それも度を越せば、命令になってしまいます。

こんな場合は、強く叱って、頭からおさえつけようとすると逆効果。乱暴はおさまらないでしょう。むしろ「あなたはどうしたいの？」と本人の望みを聞き、お母さんもその望みに応えるように努力をします。

何週間も子どもに変化が見られないかもしれませんが、ある日から、突然、変わってきます。

Q26 お友だちにノーと言えません。

お友だちに
大切にしているシールを
「ちょうだい」と言われても
イヤと言えません。
この先、この性格では
生きていきにくいに
違いありません。
（5歳）

お子さんは、家で「ノー」と言っていますか。いつでも「ハイ」と言ういい子なのではありませんか。

「ひとりでお部屋で寝なさい」と言ったときに、「ママといっしょに寝たい」と言えていますか。「まだお風呂から出たくない。もっとパパと遊びたいよ」と言えていますか？

愛されているという安心感があると、子どもはお母さんやお父さんに向かって「でも、ボクはこうしたい」と意見や希望が言えます。

これは大切なことです。

そして、それが土台になって、友だちにも「こうしたい」と主張できるようにもなっていきます。

友だちにノーと言えない子どもが、親に向かって「ノー」と言ったときには、「よくイヤだ、と言えたね。エライ」とほめるぐらいでいいと思います。

Q27 仲間はずれにされて、娘が傷ついています。

仲良しグループの友だちと
ささいなことでもめて
なんとなく
仲間はずれのような状態に
なっています。
娘はかなり傷ついています。
（5歳）

友だちに会う機会があったら、お母さんから「うちの子と遊んでね」とお願いするのもいいですね。「仲間はずれはダメ」と注意するより、お願いするほうが、子どもは「わかった」と反応します。

それに、急がば回れではありませんが、子ども自身の世界を広げることも大切です。

それまでのグループにこだわらず友だちを家に呼んだり、2〜3組の家族でいっしょに外出する、あるいは、いとこと遊ぶ機会を作るなど、人間関係のベースを広げていく。どちらかというと、いろいろな人と接しながら生きる練習が足りない子のほうが、仲間はずれの対象になりやすいようです。

幼稚園や公園だけでなく、いろいろなところで友だちはできます。楽しい時間が生まれます。人間関係のベースを広げてあげてください。

叱られる準備

かわいがり子育てコラム3

私は数年前まで、横浜市の青少年協議会の依頼で、援助交際など問題行動がある思春期の少女たちの面談を行っていました。面談といっても、私は何も話しません。ほとんど毎回、彼女たちの話を聞くだけです。

音楽やファッションの話に本気で興味を持ち、「どこが好き？」「何に感動したの？」とたずねると、誇らしそうに答える少女たち。そんな会話をしていると、またたく間に面談の時間は終わってしまいます。

来る日も来る日もそんな感じです。しかし、ある日、少女たちのほうから、こんなふうに言いだす日がやってきます。

「先生、わたしが何をやったか知ってるよね」

「知ってるよ」

「どう、思う？」

こう言いだしたときは、少女たちがこちらの話を聞く準備ができたという信号を送っているのです。

ここではじめて「いけないことだと思う。悲しい」と私は伝えます。それから叱るべきは叱ります。

その言葉は、ちゃんと少女の心に届きます。

自分の話を十分に聞いてもらった後でないと、人は人の話を受け入れることはできません。問題行動のあった少女たちも、十分に自分の話を聞いてもらえたから、叱られる準備ができたのです。

幼い子どものしつけでも原則は同じです。

第4章

いちにち一歩
親になる

Q28

なぜ、ほかの子の成長が気になるのでしょう？

からだが大きいとか
成長が早いとか
ほかの子どもと比べることは
意味ないとわかっているのに
比べてしまいます。
少しでも勝っているとホッとするのです。
私だけでなく、周囲のママもそんな感じなので
その影響を受けて、
こだわりが強くなってしまいます。
（0歳）

斎藤環《たまき》さんという引きこもりの臨床や著作で有名な精神科医がいます。その斎藤先生が新聞のコラムで「現代の青少年に根拠のない自信を与えたい」という表現をされていました。

今は、多くの親が「根拠のある自信」を持つ子どもを育てようと一生懸命になっています。他の子どもよりスポーツができる、勉強ができる、ピアノができるというのが根拠のある自信。大きい、早いと、他の子どもと比べる子育てはその典型です。

しかし、「〜より優れている」という根拠のある自信は、モロいものです。もっと勉強ができたり、楽器が上手な人はいくらでも出現します。そんな人に会ったら、根拠のある自信は消滅してしまいます。そして、劣等感になってしまう。

ですから、そんな社会風潮に流されずに、根拠のない自信が育つようにしていただきたいのです。

根拠のない自信とは、発達心理学者であるエリクソンのいう「ベーシック・トラスト（基本的信頼）」と同じことです。母親

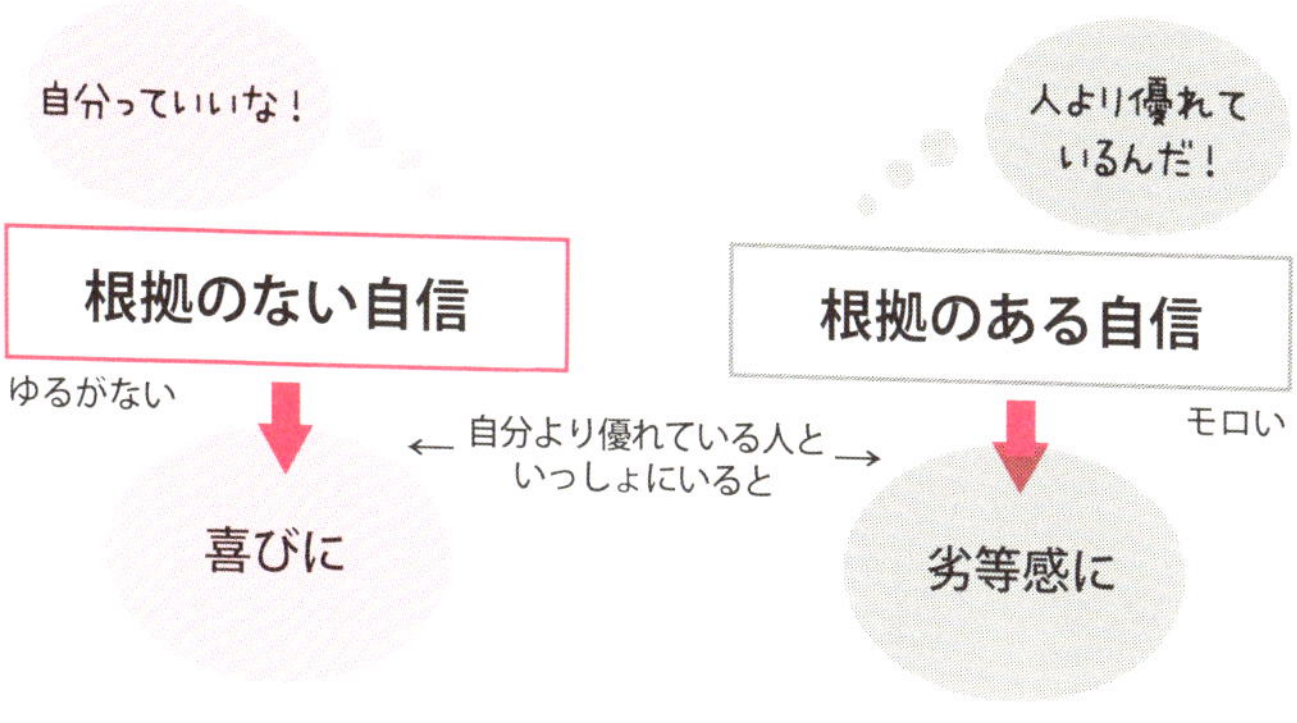

自分っていいな！
人より優れているんだ！
根拠のない自信
根拠のある自信
ゆるがない
モロい
自分より優れている人といっしょにいると
喜びに
劣等感に

が赤ちゃんを「そのままでいいよ」と認める力。その母親との関係から生まれる「わたしはいい」と思える自信です。

根拠のない自信はすてきですよ。優れた点がある友だちと過ごす時間が喜びになるんです。

私が子どものころは、絵が上手な友だちにみんなが絵の描き方を教えてもらったり、魚とりのうまい子に教えてもらいながら釣りに出かけました。教える、教えられるという関係は、両方にとって喜びでした。しかしご両親が、「人より優れている」ことを子どもに要求してばかりいると、子どもはこうした人間関係をきずけないし、喜びを経験することができません。

「わたしはいい」という根拠のない自信の土台が固まってから、その上に根拠のある自信は重ねていくものです。

根拠のない自信がある子は
教えるのが好き!
こうすると
うまく描けるよ
わー
うまーい
なるほどー

ボールは
からだの
まん中で
持つんだ
なるほどー
教わるのも好き!

それが友だち
キャッキャッ

Q29

仕事が忙しすぎて、パパが育児を手伝えません。

パパに子どもがなつかず、心配です。

夫が育児を手伝ってくれません。
仕事が忙しすぎて
毎日、深夜に帰宅。
子育ての相談ができません。
子どももパパになつきません。
子育てに非協力的な夫は
「父親失格」とまで言う友人もいます。
（2歳）

夫婦がどのようにして育児を協力し、分担をするかについては、第三者があれこれ言うべき問題ではないと思います。ご夫婦が納得できるようにお決めになればいいのです。

何もかも均等に分けているという夫婦から、ほぼお母さんにお任せという家庭まである。まるでお母さんが2人いるという家庭だってあるでしょう。

夫婦が合意しあってさえいれば、育児の役割分担はどんなスタイルでもいいのです。

ちなみにわが家では、家の中のことは妻、外のことは私でした。ですから、PTAや授業参観は私の担当でした。子どもたちが友だちをケガさせたときにあやまりに行くのも私でした。

さて、このお母さんは、子どもがお父さんになつかないこと

●子育ては半分ずつ

何もかも分担している知人夫婦は、保育園の送り迎えも、お風呂当番もきっちり半分ずつ。当番なのにできないことがあると、「1回借りね」と楽しそうにやりとりしていました。

を心配していますね。原因は、父と子がいっしょに過ごす時間が少ないだけでなく、楽しい時間の過ごし方がわからないのではありませんか。

そんなお父さんにはお風呂がおすすめです。子どもはお風呂のことを保健衛生のための場所だなんて思っていません。お風呂は水遊びの場所です。お父さんも、おもちゃを用意して、いっしょに水遊びをすればいいのです。子どもが嫌がるシャンプーをしなければいけない、なんて考えずにいればいい。

お風呂の次は公園でしょうか。子どもは必ずおもしろいことを見つけて遊びます。お父さんもいっしょに遊べばいいのです。

ところで「夫にこうあってほしい。満足のいく夫であってほしい」とばかり願ってはいませんか。こんな場合、夫も妻に対して「自分が満足できる妻でいてほしい」と思っています。片方だけが不満だということはありません。

●家の中はママ、外はパパの担当

家の中は母親、外は父親担当の家族。授業参観日はパパの出番ですが、ママもいっしょです。ケガをさせてしまった友だちの家へは、パパがあやまりに行ったので、円満解決！

Q30

「早く！早く！」ばかり言っています。

そんな自分にもうんざりしています。

「早く！」とばかり
言っています。
仕事をしているので
時間にゆとりがありません。
それなのに、子どもは
グズグズしています。
朝は保育園に送り届けるまで、
夜は寝かしつけるまで
何回、「早く！早く！」と
言っていることでしょう。
（3歳）

朝、グズグズしているのは、これから始まる一日に、楽しいことがないのでしょう。夜も、明日が来ることが待ち遠しい子どもは、早寝です。大人だって、なんとなく満たされない気持ちをかかえていると、夜、サッサと布団に入れません。

子どもも同じです。

グズグズしてしまうのにはそれなりに理由があります。それなのに、「早く!」と言っても行動は早くなりません。

それに子どもに「早く!早く!」とたくさん言う人は、自分が忙しいという状況とは本当は無関係ではありませんか。じつは自分にゆとりがない。自分の生活に自信がない。そのはけ口が「早く!早く!」という言葉になっていませんか。

でも、「早く!」と言われ続けた子どもは、大人が考える以上に傷ついています。

大人は機械的に時を刻む、時計にしたがって暮らしています。でも、子どもたちは、自分自身の「命の時計」にしたがって生き、成長していきます。眠いから眠るだけでなく、歩きたい、歩けるぞと思ったときに歩き始める。早い子もいれば、おそい子もいます。そのペースは、時計を見ながら生活している大人よりはるかに人間的です。

しかし、自分のペースで生きている子どもは、「早く！」と言われたときに、そのペースが不満なんだとは思いません。自分自身の存在に親は不満なんだ、と受け取ってしまいます。

「早く！早く！」と言われることで、自分を否定されていると感じています。

速度がおそいなら、手伝ってあげればいい。

お母さん自身が「今日からもう言わない！」と宣言することをおすすめします。

お母さんに「早く！」貯金を
おすすめします。子どもたちに
「もう言いません」と宣言しては
いかがですか？

今日から、「早く」と言ったら
10円貯金しまーす！
ワーイ
パチパチ

トホホ
今日もまた
言ってしまった…
2回言ったから
20円です
ディズニーランドに
行けるかな

貯金がたまったら
楽しいことに使いましょう

Q31

祖父母がとても甘やかします。

お菓子もおもちゃも子どもの言うがままで、困っています。

子ども部屋が
おもちゃであふれています。
モノを大切に使う子になってほしいのに
祖父母が会うたびに、モノを買ってくれて、
子どもの感覚もマヒしてきています。
子どもが「食べたい」と言うと
添加物の入ったお菓子も平気で与えます。
子育ての足をひっぱらないでください
と言いたい。（4歳）

ご両親は、「子どもの将来を幸福にしたい」ということを強く意識します。そのために、「今は歯をくいしばってがんばれ！」ということもあるでしょう。

でも、祖父母は違います。

「今、孫の喜ぶ顔が見たい」のです。もちろん、孫の将来のことも考えていないわけではありませんが、その何倍も、孫の今を幸福にしたいと思っています。

将来を思う気持ちと、今を思う気持ち、そのどちらもがかけがえのない愛情です。

子どもはさまざまな色の愛に包まれて成長するほうが幸せです。その色の数が多いほど、健やかに成長します。

わが家は、祖父母が同居していました。子どもがおなかがすいたというと、祖母が「かわいそうに」と夕食前なのにお菓子を与えていました。祖父は、1年に1回訪ねてくる富山の薬屋さんにまで「うちの孫ほどいい子どもはいませんね」と手ばなしで自慢していました。

祖父母の愛はいいですね。そのおかげで、子どもたちの世界はどれほど豊かになったでしょう。

ありがたいことです。

とはいえ、質問ケースのように、モノを買い与えすぎる祖父母というのは、本当は、その祖父母自身ががとてもさみしいのです。モノでしか、つながりが作れないからそうしているだけに過ぎません。

祖父母を訪ねる回数を増やす。家族でといっしょに過ごす時間を増やしてたくさん会話をしていると、母親が気に病むほどのプレゼントは減ってきます。

こうすると
よく飛ぶぞ!
おじいちゃんの願いは、
子ども時代に
得意だった遊びを
伝えること!
おじいちゃん
すごい
ぐりとぐらは
森に住んで
いました
それから?それから?
ぐりとぐら
祖父母が孫と
いっしょにいる
時間が少ないほど、
プレゼントは
増えていく!
おばあちゃんの願いは、
かわいい孫を
抱っこすること!

Q32

職場復帰をすることにしました。でも

保育園にあずけることが、心配です。

子どもを保育園にあずけて
仕事に復帰します。
「子どもがかわいそう」と
言われることもありますが、
キャリアも大切なので決断しました。
共働きで子育てをするうえで
注意すべきことは
なんでしょうか？
（0歳）

私は保育園の保育士さんたちとの勉強会をいくつか行っており、中には33年間も定期的に続けているものがあります。その経験から、保育園にあずけてお母さんも仕事をすることが、子育てにメリハリができていいと思えることも少なくありません。

でも、心配なことがあります。それは最近、親の前ではとてもいい子なのに、保育園では大変に手がかかる子どもが増えているということです。

先生を独占しようとして赤ちゃん返りをしたり、弱い子どもに攻撃したり、悪い事をして注目を集めようとする。これは子どもたちの「こっちを見て！」というサインです。でも、

保育園でわがままな子どもたちが本当に振り向いてほしいのは保育園の先生ではなく、お母さんやお父さんなのです。

親の前では「ボクをわたしをもっと見て！」と訴えることができずに、よい子でいる子どもたち…。その将来はいろいろな意味で心配です。

ご両親の前では甘えん坊で、自由に振る舞っている。でも、保育園ではきちんと聞き分けがいいという子どもたちが、いいのです。

ご両親はそこを注意をしてくださったらいいですね。

もうひとつ、付け加えると、保育園から子どもを引き取った後で、「お父さんもお母さんも疲れているからダダをこねないの」と子どもに求めること、これはいけません。

子どもから見れば、外で働いているのは大人の都合です。

いっしょにいられる時間が短いからこそ、「がまんしていい子にしなさい」ではなく「うんと甘えていいのよ」と伝えてください。

親から離れて、保育園にいる間、子どもたちは、お母さんやお父さんのイメージを身体の中に持っているのだと思います。

朝、いっしょに通園の用意をしたときのお母さんのニコニコ顔とともに、保育園で日中を過ごしているのではないでしょうか。

そしてお迎えに来たときには、同じニコニコ顔を確かめて安心します。

いっしょに触れ合っている時間が少ないことを心配し過ぎるより、触れ合っている時間に、たくさんのよいイメージを残すようにしてあげてください。

親から離れているとき、
子どもは
親のイメージを
身体の中に持って、
過ごしている！

Q33

離婚して子どもを育てています。

事情があって離婚しました。
シングルで子育てをしている
知人の多くは、男っぽくて
母親と同時に父親としての
役割も上手にこなしています。
自信はありませんが、
どんなことに気をつけたら
いいでしょうか？
（3歳）

がんばって父親の役割をはたそうとする必要は、まったくないと思います。子どもをかわいがっているお母さんでいてくだされば、十分です。

父性性と母性性という言い方がありますが、簡単にいうと、家庭の中で子どもにやすらぎを与える、子どもを安心感で包み込むのが母性性です。

一方、父性性というのは「こうしなければいけない」というルールや責任を教えること。母親だから母性性だけで、父性性がないわけではありません。

でも父親がいないから、父親の役割も果たそうとがんばると、父性性が強まってしまいがちです。

実はそっちのほうが問題が大きいと私は思っています。

子育ては母性性と父性性のバランスがとれていればいいのではありません。

大切なのは、母性性と父性性を与えられる「順番」です。

十分に母性性が与えられてからでないと、子どもは、きちんと父性性を受け入れることはできません。

「そのままのあなたが大好き」という愛情を十分に与えられた後に、「こうしなければいけない」というルールは教えられるべきものなんです。

これが逆になることはとんでもないことです。とんでもないことですが、しかし、現実には、十分に甘やかされることなく、ルールだけをおしつけられている子どもがたくさんいます。かわいそうなことですね。

ですから、片親だから父性性が足りなくなるという心配は必要ありません。

それに、父性的なものは、母親でなく、学校や友だち、地域社会が子どもに与えてくれます。心配いりません。

母性性が最初。その土台がしっかりしたら父性性を積み重ねていきます。母性性と父性性も与えられる順番が大切です。
そうか
ルールを守ろう
父性性
社会ではこうするべきなんだ！
が身に付きます。
順番が大切
ボクって
いいじゃん！
母性性
そのままのあなたでいいの！
と十分に伝えます。

Q34 子育てが悪かったのでしょうか？

子どもが人を傷つける事件に不安になります。

子どもが
家族や友だちを傷つけたり
社会問題となる
事件があると
親として不安になります。
子育てが悪かったのでしょうか？
（3歳）

広い意味では子育てが悪かった。ただし、それは親の子育てだけではありません。学校とか友だちの関係とか、社会の子育ても悪かったのです。

中には、発達障害の子どもによる事件もありました。長崎で12歳の少年が4歳の男の子を駐車場から突き落としてしまった事件や、佐世保の小学6年生の少女が同級生を殺してしまった事件などは、アスペルガー症候群、広汎性《こうはんせい》発達障害が関係しています。

そのため、発達障害の子どもが事件を起こしやすいと思われがちですが、それは絶対に違います。

私はこれまで1000人以上の発達障害児と会ってきましたが、彼らは、非常に率直で、裏表《うらおもて》がない子どもたちです。白黒《しろくろ》がはっきりしないと落ち着かないという側面はあるけれど、本来は善良そのものです。

しかし、その障害に親が気づかなかったり、気づいていてもそれを否定してしまうような育児をすると、不幸なことになります。

学校でもイジメの対象になったり、理解のない先生からも拒否されがちです。発達障害の子どもは善良であるがゆえに、拒否されたときの反応は大きく、そして目立った極端な行動に出てしまいます。

では、健常な子どもはどうでしょうか。

やはり同じです。

否定や拒否をされ続けていれば、深く傷つきます。障害児に比べれば、ある程度クッションがあるので、極端な行動が出るには時間がかかるかもしれないし、行動には出ないかもしれません。しかし同じように深く傷つき、それが問題行動のきっかけになることもあるのです。

ぶったり、無視することは子どもたちを否定することですね。これはだれでもわかります。

しかし否定とはそれだけではありません。
子どもたちの個性を認めない。「早く！」と言い続ける。あるいは、「もっともっと」と過剰に期待をする。そういったことも否定です。子どもは、自分が否定されていると感じています。

痛ましい事件の原因は
子育てが悪かったからか、と問われたら、
私は「悪かったのだ」と肯定します。
親だけでなく、
教育も社会も悪いのです。

Q35 パパが子どもを叱ってくれません

パパが子どもに甘くて、
きちんと叱れません。
おかげで私ばかりが
子どもを叱る怖いママで、
パパはやさしいということに。
割り切れません。
（4歳）

お父さんが子どもをしっかり叱っていれば、自分はやさしいママでいられると考えているのですね。おそらくそんなことにはならないでしょう。お父さんが厳しくなれば、お母さんが甘くなるなんてことはありません。母さん自身が、今日から、子どもにガミガミ言わなくなればいいだけのことです。

それには夫婦の仲がよいことも必要です。アメリカのティンバーローン精神医学研究所が健康な親子、夫婦関係が営まれている家族は、幼い子どもでも発言権が十分にあると報告しています。決定権は親にある。それはゆるぎません。

でも家庭の中では、子どもが自由に発言できている家庭がいいのです。どちらが子どもを叱るかなどと夫婦で言いあわず、夫婦がいっしょに、子どもの意見を聞いてあげてください。

Q36 上手にほめることができず、叱ってばかりいます。

子どもを上手に
ほめることができません。
子どもの行動に気になる点も多く、
叱ってばかりいます。
きちんと叱り、上手に
ほめる方法を教えてください。
（5歳）

上手に叱る、ほめるということは、テクニックを覚えようとしても無理。子どもの行動に喜びに覚えたら、自然から出た率直な言葉がそのまま、素晴らしいほめ言葉になります。喜んでいないのに、ほめることはできません。まず、子どもと喜びを分かちあう親になることです。

ところで子どもにとって最高のほめ言葉はなんでしょうか。

それはお母さんから子どもに対して言われる「ありがとう」ではないでしょうか。また、自分から「ありがとう」と言ったときに「どういたしまして」と返されることも、子どもにはうれしいものです。

ありがとう、どういたしまして、おたがいさまですよ、という3つの言葉で、人と人のコミュニケーションの基礎はできているように思います。

あとがきにかえて

子育てでいちばん大切なこと

子どもを幸せにするために、いちばん大切なことは何ですか、と聞かれたら、私はこう答えます。

それは、自分のことを好きな子どもに育てることです。
「自分っていいな」と思いながら毎日を生きている子どもは、それだけで幸せです。

夜、布団に入るときに、明日の朝が来るのが待ちどおしい。
昨日より、積み木が高く積めることが誇らしくて仕方がない。

友だちに、いろいろなことを教わるのも、教えるのも大好き。

それが子どもたちの幸せです。

そんな子どもたちは、みんな「自分っていいな」という気持ちを持っています。

そして、その、子どものまわりには、その子のことが、無条件で大好きな親がいます。

そう、無条件に好かれているから、子ども自身が、自分のことを好きでいられます。

どうか、子どもに「こんなふうに成長しろ」と努力を強《し》いる前に、親は無条件に子どもを好きになる努力をしてください。

もうひとつ大切なこと。

それは、「子どもの現在」を
幸せにすることだと思います。

子どもの将来の幸せのために、子どもの現在を犠牲にするのではなく、大切なのは今。今、幸せでなければ、子どもは自分のことを好きではいられません。自分のことが好きでないと、将来の幸せだって、感じることも夢見ることもできません。

昨日の続きが今日であるように、明日は今日につながっています。

今が幸せであれば、その幸せが明日にもつながっていきます。

『かわいがり子育て』に続いて、今回もメルプランニングの高橋由美さん、ブックデザインの木村協子さん、イラストレーターのたはらともみさんに大変お世話になりました。ありがとうございました。

児童精神科医　佐々木正美

佐々木正美（ささき・まさみ）児童精神科医

1935年生まれ。新潟大学医学部卒業後、東京大学で精神医学を学び、ブリティッシュ・コロンビア大学医学部児童精神科に留学。帰国後、国立秩父学園、㈶小児療育相談センター勤務の傍ら、東京大学医学部、東京女子医科大学などで講師をつとめる。現在、川崎医療福祉大学特任教授。ノースカロライナ大学医学部精神科非常勤教授。子育て協会顧問。
30年以上にわたって保育園、幼稚園、児童相談所等で親や保育士の相談、勉強会に携わり、子どもたちの現場を最もよく知る精神科医として親たちから信頼されている。
著書に『子どもへのまなざし』（福音館書店）、『育てたように子は育つ』（小学館）、『かわいがり子育て』（大和書房）などがある。

編集協力：メルプランニング
1989年結成の「子育てネット」を主宰する企画会社。『男の子のなぞ！』『上手な叱り方ほめ方』（大和書房）、『３歳までの子育ての裏技』（PHP研究所）ほか著書多数。

子育《こそだ》てでいちばん大切《たいせつ》なこと
かわいがり子育《こそだ》て「質問箱《しつもんばこ》」

2008年10月20日　第一刷発行
2011年 8 月 5 日　第三刷発行

著　者＝佐々木正美《ささきまさみ》
発行者＝佐藤 靖
発行所＝大和《だいわ》書房
東京都文京区関口1-33-4　〒112-0014
電　話＝03-3203-4511
振　替＝00160-9-64227

イラスト＝たはらともみ
ブックデザイン＝キムラオフィス

印刷所＝厚徳社（本文）、歩プロセス（カバー）
製本所＝田中製本印刷

 ISBN978-4-479-78188-2
http://www.daiwashobo.co.jp